JOAN GARRIGA BACARDÍ

¿DÓNDE ESTÁN LAS MONEDAS?

LAS CLAVES DEL VÍNCULO LOGRADO ENTRE HIJOS Y PADRES

Я|⊂ rigden institut gestalt

© 2009, Joan Garriga Bacardí

© 2010, RIGDEN EDIT, S.L.

Primera edición: enero de 2010
Primera reimpresión: junio de 2010
Decimosexta reimpresión: noviembre de 2024

Ilustraciones
Cisco - Francisco Solé

Corrección
Valeria Cipolla

Impreso en España por:
Artes Gráficas Cofás S.A.

Depósito Legal
M. 20.709-2014

ISBN
978-84-936706-7-2

Rigden Edit, S.L.
RIGDEN - INSTITUT GESTALT
Verdi 92, planta 1.ª
08012 - Barcelona
www.grupogaia.es
e-mail: grupogaia@grupogaia.es

A mis padres, por supuesto, y a sus padres y a los padres de sus padres. A todos aquellos que traspasaron intacta, hasta llegar a mí, la llama de la vida y las monedas justas para una vida con alma, con alegría y con sentido.

PRESENTACIÓN

En el 2006, en la primera edición de *¿Dónde están las monedas?*, empezaba la presentación del libro definiéndolo como «un cuento para adultos dirigido a nuestro corazón de niños». Pasados tres años y varias reimpresiones, esta nueva edición revisada y ampliada corrobora la veracidad de aquella afirmación. Hemos recibido muchos comentarios y testimonios emocionados de lectores que han sentido cómo las palabras del cuento resonaban profundamente en sus corazones y abrían nuevos horizontes en el arduo camino de lograr el contento sobre «lo que ha sido» y «lo que es», en el marco de la historia personal de encuentros y desencuentros con los padres.

En esta edición revisada, Joan Garriga amplía los conceptos psicológicos y espirituales perfilados en el epílogo, presentándonos un planteamiento teórico-vivencial más detallado de la naturaleza y dinámica del vínculo entre padres e hijos. El autor consigue, mediante sencillas evocaciones, abrir un horizonte de reflexión, que nos conduce a la búsqueda de la sanación en lo más profundo de nuestra alma.

El enfoque se apoya mayoritariamente en la experiencia profesional del autor sobre las Constelaciones Familiares y, bajo este prisma, busca responder a las inquietudes y comentarios recibidos de los lectores. Joan Garriga tiene una amplia experiencia como terapeuta, ha trabajado con miles de personas alrededor del mundo, como constelador y como terapeuta Gestalt, así como con técnicas de PNL: uniendo toda su vivencia con su conocimiento ha conseguido hacer crecer el texto y mostrarnos ángulos emocionales que podían pasarnos desapercibidos.

Es, pues, un renovado placer presentar al publico la cuarta edición revisada y ampliada de *¿Dónde están las monedas?*, con la certeza redoblada de que el mensaje de este sencillo cuento tiene el poder de clarificar y ayudar a sanar las relaciones entre padres e hijos.

Laura Takahashi Shimura
Editora
Barcelona, diciembre de 2009

¿DÓNDE ESTÁN LAS MONEDAS?

Las claves del vínculo logrado entre hijos y padres

Una noche cualquiera de un tiempo cualquiera, una persona tuvo un sueño especial: soñó que recibía unas cuantas monedas de manos de sus padres. No sabemos si eran muchas o pocas, si eran miles, cientos, una docena o apenas un par. Tampoco sabemos de qué metal estaban hechas, si eran de oro, plata, bronce o tal vez de simple hierro.

Mientras soñaba que sus padres le entregaban las monedas, sintió espontáneamente una sensación de calor en su pecho. Quedó invadida por un gran alborozo. Estaba contenta, se llenó de ternura y durmió plácidamente el resto de la noche.

Cuando despertó a la mañana siguiente, la sensación de placidez y satisfacción persistía. Entonces, decidió caminar hacia la casa de sus padres. Y, cuando llegó, mirándolos a los ojos les dijo:

–Esta noche habéis venido en sueños y habéis depositado unas cuantas monedas en mis manos. No recuerdo si eran muchas o pocas. Tampoco sé de qué metal estaban hechas, si eran de un metal precioso o no. Pero no importa, porque me siento pleno y contento. Y vengo a deciros: **Gracias, son suficientes. Son las monedas que necesito y las que merez-**

co. Así que las tomo con gusto porque vienen de vosotros. Con ellas seré capaz de recorrer mi propio camino.

Al oír esto, **los padres, que como todos los padres se engrandecen a través del reconocimiento de sus hijos**, se sintieron aún más grandes y generosos. En su interior sintieron que podían seguir dando a su hijo, porque la capacidad de recibir amplifica la grandeza y el deseo de dar. Así, dijeron:

–Eres un buen hijo. Puedes quedarte con todas las monedas, puesto que te pertenecen. **Puedes gastarlas como quieras** y no es necesario que nos las devuelvas. Son tu legado, único y personal. Son para ti.

Entonces el hijo se sintió también grande y pleno. Se percibió completo y rico, y **pudo dejar en paz la casa de sus padres**. A medida que se alejaba, sus pies se apoyaban firmes sobre la tierra, y andaba con fuerza. Su cuerpo también estaba bien asentado en el suelo, y ante sus ojos se abría un camino claro y un horizonte esperanzador.

Mientras recorría el camino de la vida, se fue encontrando con distintas personas. Le acompañaban durante un trecho, a veces más largo, a veces más corto. Algunos le acompañaron durante toda la vida. Eran sus socios, amigos, parejas, vecinos, compañeros, colaboradores, e incluso sus adversarios. En general, el camino le resultaba sereno, gozoso, en sintonía con su espíritu y su naturaleza personal. Y aunque no estaba exento de los pesares naturales que la vida impone, lo sentía como el camino de su vida.

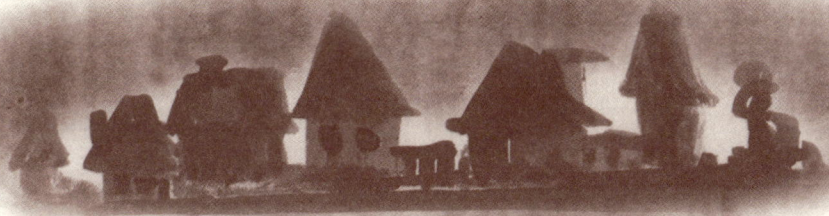

De vez en cuando volvía la vista atrás, hacia sus padres, y recordaba con gratitud las monedas recibidas. Y cuando observaba el transcurso de su vida o miraba a sus hijos o recordaba todo lo conseguido en el ámbito personal, familiar, profesional, social o espiritual, aparecía la imagen de sus padres y se daba cuenta de que todo aquello había sido posible gracias a lo recibido de ellos, y que con su éxito y logros les honraba.

Se decía a sí mismo: **«No hay mejor fertilizante que los propios orígenes»**, y entonces su pecho volvía a llenarse con la misma sensación expansiva que le había embargado la noche que soñó que recibía las monedas.

Otra noche cualquiera de otro tiempo cualquiera, otra persona tuvo el mismo sueño, ya que tarde o temprano todos llegamos a tener ese sueño. Venían sus padres y depositaban en sus manos unas cuantas monedas. En este caso tampoco sabemos si eran muchas o pocas, si eran miles, unos cientos, una docena o apenas un par. No sabemos de qué metal estaban hechas, si de oro, plata, bronce o simple hierro...

Al soñar que recibía en sus manos las monedas de sus padres, la persona sintió espontáneamente un pellizco de incomodidad. Quedó invadida por una agria inquietud, por una sensación de tormento en el pecho y un lacerante malestar. Durmió lo que quedaba de noche revolviéndose encrespada entre las sábanas.

Al despertar, aún agitada, sintió un fastidio que parecía enojo, pero que también tenía algo de queja y resentimiento. Su cara era el rostro del sufrimiento y de la disconformidad. Con furia y un ligero tinte de vergüenza, decidió caminar hacia la casa de sus padres. Al llegar allí, mirándolos de soslayo les dijo:

–Esta noche habéis venido en sueños y me habéis entregado unas cuantas monedas. No sé si eran muchas o pocas. Tampoco sé de qué metal estaban hechas, si eran de un metal precioso o no. No importa, porque me siento vacío, lastimado y herido. Vengo a deciros que vuestras monedas no son buenas ni suficientes. No son las monedas que necesito ni son las que merezco ni las que me corresponden. Así que no las quiero y no las tomo, aunque procedan de vosotros y me lleguen a través vuestro. **Con ellas mi camino sería demasiado pesado o demasiado triste y no lograría ir lejos.** Andaré sin vuestras monedas.

Y los padres, que como todos los padres empequeñecen y sufren cuando no tienen el reconocimiento de sus hijos, se hicieron aún más pequeños. Se retiraron, disminuidos y tristes, al interior de la casa. Con desazón y congoja comprendieron que podían dar todavía menos de lo que habían dado a aquel hijo, porque ante **la dificultad para tomar y recibir, la grandeza y el deseo de dar se hacen pequeños y languidecen.** Guardaron silencio confiando en que, con el paso del tiempo y la sabiduría que trae consigo la vida, quizá se llegaran a enderezar los rumbos fallidos del hijo.

Es extraño lo que ocurrió a continuación. Después de pronunciar aquellas palabras ante los padres, el hijo **se sintió impetuosamente fuerte, más fuerte que nunca.** Se trataba de una fuerza extraordinaria: la fuerza feroz, empecinada y hercúlea que surge de la oposición a los hechos y a las personas. No era una fuerza genuina, como la que resulta del asentimiento a los hechos y está en consonancia con los avatares de la vida, pero sí era una fuerza apasionada e intensa. Era la clase de fuerza que configura el paisaje del sufrimiento humano, aquella en que las personas tratamos de apoyarnos cuando carecemos del coraje y de la humildad suficiente para aceptar la realidad tal como es y a nuestros padres tal como son. La falsa fuerza que nos concede la oposición a las cosas, el resentimiento hacia las personas y el victimismo frente a los hechos vividos.

Con el tiempo, esta persona aprendería que ningún sufrimiento concede derechos, ninguna postura existencial edificada sobre heridas concede merecimientos y que **el único sentido de este sufrimiento, que no es dolor, es hacer sufrir a los demás, ya que únicamente el dolor genuino despierta la compasión.** Pero aquel día, la persona abandonó la casa de los padres diciéndose a sí misma:

–Nunca más.

Se sentía fuerte pero también vacía y necesitada. Aunque lo deseaba no lograba quedarse en paz.

A medida que se alejaba de la casa de sus padres, sintió que sus pies se elevaban unos centímetros por encima de la tierra y que su cuerpo, un tanto flotante, no podía caer en su peso real. Y sintió algo más sorprendente aún: cada vez que abría los ojos parecía que miraba lo mismo, un horizonte fijo y estático.

La persona **fue desarrollando una sensibilidad especial.** Así, cuando encontraba a alguien a lo largo de su camino, lo contemplaba con una enorme esperanza y de manera inconsciente se preguntaba:

–¿Será esta persona la que tiene las monedas que merezco, necesito y me corresponden, las monedas que no tomé de mis padres porque no supieron dármelas de la manera justa y conveniente? ¿Será esta la persona que tiene aquello que merezco?

En cierta ocasión la respuesta fue afirmativa, y todo resultó fantástico. Se enamoró y sintió que todo a su alrededor era maravilloso. Y, sin darse cuenta, empezó a esperar que el otro tuviera aquello que no había tomado de sus padres y se lo diera.

No obstante, aunque la esperanza de encontrar las monedas le resultó embriagadora al principio, cuando el enamoramiento acabó convirtiéndose en una relación y la relación duró lo suficiente, **la persona descubrió que el otro no tenía lo que le faltaba, es decir, aquellas monedas que no había tomado de sus padres.**

–¡Qué pena!– se dijo entonces, y se quejó amargamente de su mala suerte, culpando de ella al destino.

Se sintió desengañada, **sometida a un tormento emocional que tomó forma de desesperación**, desazón, crisis, turbulencia, enfado, frustración. Y es que, aunque todavía no lo sabía, el otro sólo podía darle aquello que tenía y le correspondía por su posición, aun queriéndolo dar todo y amando plenamente, pues una pareja es una relación entre adultos, fundada en la igualdad de rango, el intercambio equilibrado y la sexualidad.

En cierto momento de su vida, esta persona tuvo un hijo, y su desazón se volvió más dulce y esperanzadora, más atemperada.

Entonces, la pregunta regresó:

–**¿Será este hijo que espero, tan bien amado, quien tiene las monedas que merezco, que necesito y me corresponden y que no tomé de mis padres porque no supieron dármelas de la manera justa y conveniente?** ¿Será este ser el que tiene aquello que merezco?

Cuando se contestó de nuevo que sí fue maravilloso, formidable, y empezó a sentir un vínculo especial con aquel hijo, **un vínculo asombroso, muy estrecho, lleno de expectativas y anhelos.** De manera inconsciente, la persona estaba convencida de que el hijo tenía las monedas que necesitaba y no tardaría en dárselas.

Pero pasó el tiempo, y el hijo, como la mayoría de los hijos, deseó tener una vida propia y poner en práctica sus propósitos de vida independientes. **Amaba a sus padres y deseaba hacer lo mejor para ellos, pero la presión de tener vida propia le resultaba exigente, imperiosa y tan arrolladora como la sexualidad.**

Así, la persona comprendió un día que tampoco el hijo tenía las monedas que necesitaba, merecía y le correspondían.

Sintiéndose más vacía, huérfana y desorientada que nunca, entró en crisis. Enfermó. Estaba en la fase media de la vida y se encontró con que **ningún argumento la sostenía ya**, ninguna razón la calmaba. Sintió en su interior un catacrac y gritó:

– ¡AYUDA!

¡Había tanta urgencia en su tono de voz! ¡Su rostro estaba tan desencajado! Nada la calmaba, nada podía sostenerla.

Y ¿qué hizo?

Fue a ver a un terapeuta.

El terapeuta la recibió pronto, la miró profunda y pausadamente y le dijo:

–**Yo no tengo las monedas.**

El terapeuta vio en sus ojos que aquella persona seguía buscando las monedas en el lugar equivocado y que, en el fondo, deseaba equivocarse de nuevo. Sabía que las personas quieren cambiar, pero también que les cuesta dar su brazo a torcer, no tanto por dignidad, sino por tozudez y por costumbre.

Pero el terapeuta, que sabía que no tenía en sus manos las monedas, pensó: «**Amo y respeto mejor a mis pacientes cuando también puedo hacerlo con sus padres y con su realidad tal como es. Los ayudo cuando soy amigo de las monedas que les tocan, sean las que sean**».

En realidad, aquel terapeuta ya había visto a muchas personas en situaciones similares y **sabía que el paciente, y el niño que sigue viviendo en su interior, continúa amando profundamente a sus padres y les guarda lealtad**, aunque el escozor de las heridas u otras causas le impidan tomar sus monedas. Y es que, en las profundidades del alma, aunque el hijo rechace a sus padres, también se identifica con ellos. Y, cuando no puede tomarlos y quererlos, tampoco logra quererse a sí mismo. Por eso, **su enfoque es el amor a todo y a todos**.

En aquella primera visita, el terapeuta añadió: «**Yo no tengo las monedas, pero sé dónde están y podemos trabajar juntos** para que también tú descubras dónde están, cómo ir hacia ellas y tomarlas».

Entonces el terapeuta trabajó con la persona y le enseñó que durante muchos años había tenido un problema de visión, un problema óptico, un problema de perspectiva. Había tenido dificultades para ver claramente. Sólo eso.

El terapeuta le ayudó a reenfocar y a modu-
lar su mirada, a percibir la realidad de
otra manera, desde una perspectiva
más clara, más centrada y más abier-
ta a los propósitos de la vida. Una
manera **menos dependiente de los
deseos personales del pequeño yo que
siempre trata de gobernarnos.**

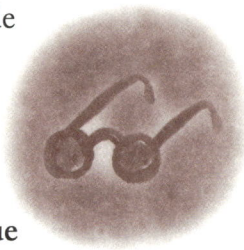

U n día, mientras esperaba a su paciente, el terapeuta pensó
que había llegado el momento de decirle, por fin y claramente, dónde estaban las monedas. Y ese mismo día, como por
arte de birlibirloque, llegó el paciente con otro color de piel.
Las facciones de su rostro se habían suavizado. Y dijo:

–Sé donde están las monedas. Siguen con mis padres.

Primero sollozó, luego lloró abiertamente.

Después surgió el alivio, la paz y la sensación de calor en
el pecho. ¡Por fin!

Entonces se dirigió de nuevo, como años atrás, hacia la casa
de sus padres. Cuando llegó, los miró a los ojos y les dijo:

– Durante todos estos años he tenido un problema de visión,
un asunto óptico. No veía claramente. **Y lo siento. Ahora
puedo ver y vengo a deciros que aquellas monedas que
recibí de vosotros en sueños son las mejores monedas posi-
bles para mí. Son suficientes y son las monedas que me**

corresponden. **Son las monedas que merezco y las adecuadas** para que pueda seguir. Vengo a daros las **gracias.** Las tomo con gusto, porque vienen de vosotros y con ellas puedo seguir andando mi propio camino.

Entonces los padres, que como todos los padres se engrandecen a través del reconocimiento de sus hijos, volvieron a florecer, y el amor y la generosidad fluyeron de nuevo en ellos con facilidad. El hijo volvía a ser plenamente hijo porque podía tomarlos.

Los padres le miraron sonrientes, con ternura, y contestaron:

—Eres un buen hijo. Puedes quedarte con todas las monedas, pues te pertenecen. Puedes gastarlas como tú quieras y no es necesario que nos las devuelvas. Son tu legado, único y personal, para ti. **Puedes tener una vida plena.**

Entonces el hijo se sintió también grande y pleno. Se percibió completo y rico y **pudo por fin dejar la casa de los padres en paz.** A medida que se alejaba, sintió sus pies firmes pisando el suelo con fuerza, su cuerpo también asentado en la tierra y sus ojos mirando hacia un camino claro y un horizonte esperanzador.

Sintió también algo extraño: había perdido la fuerza impetuosa que se nutría del resentimiento, del victimismo o del exceso de conformidad, pero ahora tenía una fuerza simple y tranquila, una fuerza natural.

Recorriendo el camino del resto de su vida, **encontró con frecuencia otras personas con las que caminó lado a lado,** como acompañantes, durante un trecho, a veces largo, a veces corto, otras, para siempre. Socios, amigos, parejas, vecinos, compañeros, colaboradores, incluso adversarios.

En general, su camino era sereno, gozoso, en sintonía con su espíritu y con su naturaleza personal. Tampoco estuvo exento de los pesares naturales que la vida impone, pero sentía que aquel sí era el camino de su vida.

Un día se acercó a la persona de la que se había enamorado pensando que tenía las monedas y le dijo:

–Durante mucho tiempo he tenido un problema de visión y ahora que veo claro te digo: **Lo siento,** fue demasiado lo que esperé. Fueron demasiadas mis expectativas, y sé que esto fue una carga demasiado grande para ti y ahora **lo asumo.** Me doy cuenta y te libero. Así, el amor que nos tuvimos puede seguir fluyendo. **Gracias. Ahora tengo mis propias monedas.**

Otro día fue a su hijo y le dijo:

–Puedes tomar todas las monedas de mí, porque yo soy una persona rica y completa. Ahora ya he tomado las mías de mis padres.

Entonces el hijo se tranquilizó y se hizo pequeño respecto a él. Y se sintió libre para seguir su propio camino y tomar sus propias monedas.

Al final de su largo camino, un día la persona se detuvo a repasar la vida vivida, lo amado y lo sufrido, lo construido y lo maltrecho. **A todo y a todos logró darles un buen lugar en su alma. Los acogió con dulzura** y pensó:

–Todo tiene su momento en el vivir: el momento de llegar, el momento de permanecer y el momento de partir. Una mitad de la vida es para subir la montaña y gritar a los cuatro vientos: «¡Existo!». Y la otra mitad es para el descenso hacia la luminosa nada, donde **todo es desprenderse, alegrarse y celebrar.** La vida tiene sus asuntos y sus ritmos sin dejar de ser el sueño que soñamos.

BREVE ENSAYO SOBRE
EL CUENTO DE LAS MONEDAS

Espero que esta breve historia, como sucede con la mayoría de los cuentos, te haya resultado evocadora. Sus muchas ramas de significado pueden haber tocado alguna fibra de tu ser y haberte provocado tristeza o alegría, rabia o, por el contrario, paz interior. Cada persona habrá entresacado sus propias reflexiones o sentimientos, incluso sus propias conclusiones.

Dado que el cuento evoca más de lo que explica, te propongo seguir leyendo para entender más o mejor, para descubrir cosas que tal vez se te habían escapado o confirmar que tus emociones tienen pleno sentido.

Aunque este breve ensayo no es necesario para disfrutar y aprender de *¿Dónde están las monedas?* (el cuento funciona por sí solo), me atrevería a decir que en esta especie de anexo explicativo encontrarás una clarificación y un desarrollo de sus mensajes, de sus enseñanzas principales, de su moraleja, en fin, aunque se trate de una moraleja desprovista de moral (valga la paradoja), pues no se trata de adiestrar a nadie en un comportamiento u otro, sino de ofrecer caminos de reflexión y entendimiento que promuevan mayor felicidad en nuestras relaciones.

He estructurado este breve ensayo a mi imagen y seme-janza, es decir, no tiene una estructura clásica de tesis, antítesis y síntesis, sino una más caprichosa y menos sis-temática, más intuitiva y personal, por decirlo así. Mi planteamiento es sencillo: es como si estuviera ahora mismo en una sala frente a ti y otras personas y, después de explicar el cuento, empezarais a preguntarme sobre su significado. Entonces, lo que os explicaría sería más o menos lo que sigue.

¿Qué representan las monedas que reciben los protagonistas de manos de sus padres?

Las monedas de nuestros padres representan el abundan-te caudal de experiencias que hemos tenido con ellos, tanto agradables como desagradables, alegres o tristes, afortunadas o desgraciadas... Todas, sin excepción. La concepción, el nacimiento, la infancia, la adolescencia, etcétera. Todo lo que, como hijos, hemos vivido en rela-ción con nuestros padres en todos los periodos de nuestra vida, pero muy especialmente en la crianza, justo cuando éramos más frágiles y dependientes.

Las monedas simbolizan, por tanto, todo lo que hemos recibido de ellos, incluyendo, por supuesto, el regalo más grande que es la vida.

Además, podemos añadir su pasado y su historia, eso es, sucesos y vivencias anteriores a nuestro nacimiento o concepción, ya que habitualmente antes de nacer pertenecemos al deseo y al pensamiento de nuestros padres; y también, en un sentido transgeneracional, por nuestras venas corre la sangre y la experiencia de muchos anteriores, concretados en las respectivas familias de origen de los padres, con todas las vicisitudes que les tocó vivir. Cada familia es una matriz de fuerza y también de dolor, visitada por los grandes poderes del vivir, esencialmente la sexualidad y la muerte.

En resumen, las monedas son todo lo recibido en nuestras raíces y en nuestra pertenencia, y todo lo vivido en lo concreto de la vida con nuestros padres.

¿Qué significa tomar las monedas?

Tomar las monedas significa tomarlo todo. Todo exactamente como fue, sin añadir ni quitar nada, incluyendo lo dulce y lo cruel, lo alegre y lo triste, lo ligero y lo pesado. Todo. Por la simple razón de que esa es nuestra herencia y el conjunto de experiencias vividas que nos constituyen.

Las monedas también pueden incluir abusos, hechos dolorosos o terribles y brutales. Tomar las monedas conlleva tomar también aquello que nos hirió, aquello que lastimó la inocencia y la belleza natural del niño.

Es posible, aunque resulte difícil, decir sí a todo lo que nos llega a través de nuestros padres, sin añadir ni quitar nada. Podemos tomarlo tal y como nos ha llegado, con todas sus consecuencias, sin dejar de seguir nuestro propio camino, cumpliendo con el trayecto personal y teniendo el coraje de transformar los pesares en recursos.

Si tan difícil nos resulta tomar las monedas es porque no sabemos qué hacer con el dolor, no sabemos cómo manejarnos con nuestros sentimientos heridos ni con nuestras turbulencias emocionales. Así, cerramos los ojos y el corazón y nos inventamos un mundo soportable que nos permita seguir adelante.

Muchas tradiciones, y concretamente las tablas de Moisés, imponen el mandamiento de «honrar a los padres», conscientes de su poder liberador y del bienestar que aporta a las personas. Pero a este lugar se llega tras un arduo proceso interior. En realidad, no se puede fabricar como un mandamiento ni erigirse en imposición ficticia.

Las tradiciones señalan con el dedo sabio la ruta adecuada para alcanzar este lugar y, si tiene sentido para nosotros, debemos recorrerla. Si decidimos hacerlo, ahí comienza todo un proceso.

Por eso, muchos abordajes psicoterapéuticos, mientras buscan soluciones a los problemas de las personas, se plantean un objetivo integrador, unas veces explícito y otras implícito: restaurar el amor hacia nuestros padres, recuperar el movimiento amoroso natural y espontáneo que sentía el niño hacia sus progenitores.

Las personas que avanzan en este proceso suelen sentirse más íntegras, congruentes y amorosas. Mejoran en sus relaciones personales y afectivas, ganan madurez, serenidad y sobre todo autoestima. Se alinean con el misterioso fluir de la vida con más fuerza.

Pero, si algo no nos gusta de nuestros padres, ¿por qué debemos tomarlo?

Es un clásico en psicoterapia el caso de los pacientes que juraron de niños no parecerse a sus padres para luego descubrir, en la fase media de su vida, que son y actúan como ellos...

La respuesta a esa pregunta es muy sencilla: nos encadena lo que rechazamos, y sólo lo que amamos nos hace libres.

Por eso, es importante tomar conciencia de lo que rechazamos, para investigarlo a fondo en nuestro interior y hacer espacio a todos los componentes emocionales que sobrevengan hasta que se complete el proceso hacia la paz.

Es cierto que muchos problemas se originan por heridas de amor, por traumas y por lo terrible de lo vivido. Esto configuraría una primera línea argumental. Pero adentrándonos en una segunda línea argumental, es importante no olvidar algo aún más profundo: tenemos problemas porque amamos mal. Si miramos sin prejuicios el alma familiar y las dinámicas del niño, encontramos que éste se inserta en su sistema familiar de forma que ama incondicionalmente, suceda lo que suceda. Simplemente es un programa biológico que activa todos los resortes emocionales. Y vemos que por amor ciego trata de asumir sacrificios, cargas o culpas que corresponden a sus padres, hermanos, abuelos o a la familia extensa. Puede intentar morir o enfermar en lugar de sus padres, preso de un pensamiento mágico que le hace creer que de esta manera conseguirá salvarlos. Puede seguirlos hacia la enfermedad, la muerte, la adicción u otros destinos, pensando también mágicamente que así su corazón o el de los que ama encontrará calor y reposo. Incluso en casos de abusos, llegamos a ver que un hijo o una hija puede tratar de consolar la desesperación o soledad de uno de los padres, implicándose o tomando el lugar del otro progenitor. Son dinámicas que muestran el poder de los vínculos y la dignidad del amor entre las personas.

El enfoque sistémico nos enseña que, además de tener una identidad individual, formamos parte de un colectivo mayor. Todos estamos insertados en una mente común mayor: un Alma Familiar, como se denomina en el trabajo de Constelaciones Familiares. Y esta alma tiene sus reglas. Una de ellas es amar a nuestros padres y combatir la debilidad de sacrificarnos por nuestros mayores creyendo falsamente que así los ayudamos. Cumplir esta norma es el principio de continuas olas de bienestar y genuino sostén en la vida. Como enseña Bert Hellinger, creador de las Constelaciones Familiares, el Amor crece con el Orden. Lo necesita para fluir con dicha. Y el Orden sugiere su geometría y su jerarquía:

- Que los padres sean padres y grandes y que den, principalmente, la vida. Y que los hijos sean hijos y tomen.

- Que los hijos no se inmiscuyan en los asuntos de sus mayores.

- Que los hijos honren a sus padres, principalmente haciendo algo bueno con su vida y, por tanto, renunciando a las implicaciones trágicas con los que sufrieron antes o fueron desterrados del amor familiar. Deben abandonar la tendencia a repetir los destinos fatales presentes en todas las familias.

Tenemos que reconocer que el amor bueno, el amor que ayuda de verdad, es el amor que mira, ve a los demás y es capaz de respetar sus dificultades. Sobre todo es el amor que puede ver en los ojos de los seres que ama, especialmente en los de sus padres, el deseo de que su hijo esté bien y crezca libre y feliz. Ningún problema de los hijos ayuda a los padres. Sólo de este modo se respeta el Orden y puede fluir el Amor que libera.

¿Qué obstáculos me puedo encontrar en ese proceso de recuperación del amor hacia mis padres?

Hay dos discursos que tratan de explicar los principales obstáculos que encuentra este movimiento amoroso natural y espontáneo hacia nuestros antecesores para fluir.

El primero nos dice que tenemos problemas porque no fuimos bien (o suficientemente) queridos como hijos. En contraste y complementariamente, el segundo defiende que el conflicto está en amar de una manera infantil, ciega y mágica, algo que nos lleva a implicarnos trágicamente en el destino y las dificultades de aquellos que forman parte de nuestra red de vínculos, ya sean los padres o la familia en un sentido más extenso.

Sobre el primero me gusta decir en mis talleres y grupos que lo importante no es tanto el hecho de que no nos hayan querido o no nos hayan querido suficientemente bien (la percepción de si somos amados o no es muy variable y subjetiva), sino si nosotros seguimos amando o no. El malestar, la angustia, el infierno, la caída o como quiera llamarse no es tanto el hecho de no haber recibido el amor de afuera, sino la falta de amor hacia los demás que sentimos dentro de nosotros.

Ya Séneca cuenta en sus cartas a Lucilo que «no puedes ser feliz cuando vives sólo para ti, cuando todo lo haces en tu propio interés. En verdad sólo vives para ti cuando vives para los demás». Lo que nos cura es abrazar en nuestro corazón a nuestros padres y no tanto ser abrazados por ellos. Esto último está bien, claro, pero no es el objetivo. Lo esencial es que abracemos y que en este abrazo acojamos a los demás, a la vida tal como es, a los hechos, a nosotros mismos.

Abrazar es un movimiento espiritual; es decir «¡sí!» a la existencia, a lo que ésta trae y requiere en cada momento. Porque los padres son los representantes de la existencia. A través de ellos se ha manifestado la vida, y nosotros podemos cuidarla.

La contraseña para las puertas del paraíso se compone de una simple sílaba: «Sí». Una de las enseñanzas cardinales de las tradiciones de sabiduría es que sufrimos cuando nos oponemos, que el malestar se nutre de resistencias.

Me gustaría explicarte una curiosidad. Resulta que en muchos grupos he improvisado una encuesta, preguntando quiénes no se sintieron suficientemente (o bien) queridos por sus padres. ¿Te imaginas el resultado? Sí, suelen levantar la mano muchos. A continuación, pregunto acerca de cuántos de los que son padres dirían que no quieren suficientemente (o suficientemente bien) a sus hijos. Casi nadie levanta la mano. No hacen falta conocimientos de contabilidad para deducir que los números no cuadran.

Para mí, hay una sola explicación a esto y es de orden cultural: se ha privilegiado el cuestionamiento de los padres, dando alas quizá a un movimiento necesario para transitar de una cultura excesivamente patriarcal hacia otra más filial. Sin embargo, todos los extremos necesitan corregirse, y la actual dictadura moderna de lo filial debilita tanto a los hijos como a sus padres. Los confunde.

Además, acentuando la puesta en escena acusatoria contra los padres se perpetúa la tendencia victimista e irresponsable de los hijos, mientras los padres sufren innecesariamente en un amargo acopio de culpas. También los padres han entrado en el código cultural imperante auto perseguidor de que deberían ser mejores, más perfectos.

Hay otra razón poderosa que puede empujarnos a iniciar la tarea de restaurar el amor hacia nuestros padres: sólo logramos amarnos a nosotros mismos cuando los amamos y honramos a ellos. En lo más profundo de cada uno de nosotros, por muy graves que sean las heridas, los hijos seguimos siendo leales a nuestros padres e inevitablemente los tomamos como modelos y los interiorizamos. De algún modo conectamos con una fuerza que nos hace ser como ellos. Por eso, cuando somos capaces de amarlos, honrarlos, dignificarlos y respetarlos, podemos hacer lo mismo con nosotros mismos y ser libres.

¿Cómo podemos saber qué hemos tomado y qué hemos rechazado?

Se puede reconocer lo que no hemos tomado de nuestros padres a través de unos pocos (seis, ocho o como mucho doce) recuerdos a modo de imágenes dolorosas de nuestra infancia que una y otra vez asaltan nuestros pensamientos, tensándonos y haciéndonos sentir de nuevo indefensos o rabiosos o apenados o abandonados, o lo que fuera, produciendo un mal trago para el cuerpo.

Muchas personas conservan imágenes muy vividas de sucesos difíciles y, en cambio, olvidan centenares de momentos en los que fueron considerados, cuidados, alimentados, queridos, tomados en brazos, etcétera. Y sin cuidados no hay vida, no se logra sobrevivir.

En general, creo que está en horas bajas la cultura psicológica popular de que los padres causan, por su negatividad, el mal en los hijos. Aunque, de hecho, nada los exculpe cuando tienen comportamientos destructivos, si miramos la vida cotidiana de los padres vemos la cantidad de dedicación y ocupaciones que requiere criar a un hijo. Por lo demás, lo más común es que los padres deseen espontáneamente que los hijos estén felices.

La cuestión es cómo tomar las monedas difíciles porque incluyen lo doloroso. Boris Cyrulnik, creador del concepto de la resiliencia, tan de actualidad últimamente, muestra el poder que tienen algunas personas para recuperarse de graves heridas y traumas emocionales. Aunque somos mamíferos sensibles que sufrimos ante la falta de amor y de respeto, o por los hechos y los reveses terribles de la vida (muertes, pérdidas, desdichas...), también estamos asistidos por la fuerza de la vida y por un amor eterno, presente en cada uno de nosotros, sea cual sea el rumbo y la forma que elijamos para vivir.

También Confucio afirma que «una ofensa no es gran cosa, excepto por el hecho de que nos empeñamos en recordarla».

Sin embargo, es común que construyamos nuestra vida en función de recuerdos, algunos de ellos traumáticos, que resultan meras transformaciones de aquello que vivimos en su día. Recuerdos que quedan muy lejos de la realidad o que la distorsionan más o menos, y que nos distancian de nuestro presente, nuestro único sostén. Y es que el único lugar posible donde podemos vivir es el presente, y estas imágenes y sensaciones ocurrieron allá y entonces. Pertenecen a otro tiempo y momento. De manera que una herida no es gran cosa, excepto si nos empeñamos en recordarla.

Esto es cierto y falso al mismo tiempo. Aunque con la mente lográramos olvidar ciertas imágenes, en el cuerpo quedan registradas todas nuestras vivencias y éste actúa como una especie de receptáculo y de regulador emocional que procura sobrevivir y minimizar los daños al precio de tensarse, congelarse, inhibirse, camuflar ciertos sentimientos, ocultar otros, modificar pautas respiratorias... Somos seres que se nutren de experiencias y que funcionamos a distintos niveles: por un lado está el pensamiento verbal y racional, y por otro, la imaginación, las emociones, las sensaciones físicas, la postura, pautas corporales, etcétera.

El cuerpo recuerda y registra, y en cada persona convive el cuerpo del que fue ayer y antes de ayer y del que fue a los quince años y a los dos. En nuestro cuerpo está presente la memoria de todo lo que vivimos.

¿Qué perdemos o conseguimos al rechazar o tomar las monedas?

Entre las vivencias que tenemos con nuestros padres se encuentran las dulces, que nos hacen sonreír y sentirnos bien, y las amargas, que nos duelen y nos contraen. Las primeras parecería que nos impulsan a la vida y las segundas parecería que nos entorpecen. La tentación para muchos consiste en querer tomar sólo lo positivo y expulsar lo negativo, y esto tiene una lógica aplastante: queremos alejar de nosotros aquello que nos ha producido, o todavía nos produce, dolor. Así, algunos rechazan a los padres y lo que viene de ellos.

Sin embargo, hemos de comprender que la lógica emocional de los afectos funciona de manera precisamente poco lógica. Es más bien un tanto paradójica e independiente de nuestra voluntad, por lo cual a menudo, como ya he apuntado, el rechazo nos ata con más fuerza a lo que rechazamos o a aquellos que rechazamos.

Para bien o para mal, no gobernamos los afectos con nuestra mera voluntad; el lenguaje del corazón se escribe con otro ritmo, sutil, rotundo y apasionado, difícilmente cuadriculado. De este modo, muchos que no toman sus monedas y permanecen en la queja o el resentimiento, luego de mayores se comportan como sus padres o reproducen comportamientos dañinos iguales a los recibidos.

Lo que verdaderamente ayuda es realizar el proceso de aceptar también lo que fue difícil, y con ello quizás hacernos más fuertes o más sabios. Es decir, también lo que parece negativo está al servicio de la vida y podemos aprovecharlo a nuestro favor. También lo doloroso nos puede hacer más plenamente humanos. Por ejemplo, algunas personas que sufrieron graves pérdidas o traumas con sus padres se sobreponen bien y construyen una vida con alegría y mucho sentido. A la inversa, hay personas que, amparándose en pequeñas frustraciones con sus padres, se creen con derecho a tener una vida mermada o penitencial y culpan a sus padres para justificar sus errores o sus fracasos.

Debemos saber que nada nos impide desarrollarnos bien, y que del pasado conservamos meramente las cenizas en forma de imágenes mentales recordadas. Que podemos transformarlas y ponernos en paz con lo que fue, con lo que recordamos de ello, al menos; y abrirnos al presente, el lugar y el tiempo del verdadero fuego del vivir.

En general, las personas que realizan el proceso interior de tomar sus monedas y ponerse en paz con sus padres y con su historia se sienten mejor en su piel, establecen relaciones más fáciles, adultas y fluidas, y aportan a la vida lo que tienen.

¿Qué sucede cuando rechazamos a nuestros padres y aquello que nos han dado, es decir, sus monedas?

Las personas que rechazan sus monedas se sienten más vacías y andan esperando que otros, o alguna cosa, los llene: a veces, la pareja, otras, los hijos o el trabajo o la riqueza o la justicia o la religión, o lo que fuere; y se resisten a dar lo que tienen para dar a la vida.

Muchas son las zanahorias que perseguimos de manera vana a lo largo de la vida, cuando la solución es apearse del burro (o literalmente dejar de ser burros) y cambiar nuestro punto de vista, dejando así de sufrir y hacer sufrir inútilmente.

Si rechazamos nos debilitamos y, como digo, solemos buscar en los demás lo que nos falta. En cierto modo permanecemos como niños tiránicos que decimos a la vida y a nuestros padres cómo deberían ser, en lugar de aprender de lo que es, de tomarlos como son o fueron.

La realidad está, por supuesto, para ser modificada y mejorada, y así lo hacemos todos los días: tratamos de cambiar lo que se puede cambiar. Pero de lo que ya fue es mejor hacernos discípulos y tratar de aprender algo que nos sirva ahora.

Cuando no aceptamos la realidad de lo que nos ha tocado, en cierto modo también nos negamos a nosotros mismos. Quien niega sus orígenes desdibuja su identidad. Quien amputa una parte de su trayectoria se encuentra eternamente en fuga, intranquilo.

Sartre decía: «No importa tanto lo que me han hecho, sino lo que yo hago con lo que me han hecho». Al final, es mejor y más útil que la responsabilidad esté en nuestro tejado y trabajar con nuestra historia para convertirla en aliada, abriéndole nuestro corazón a pesar de las heridas o justamente abriéndonos a ellas. Únicamente logramos trascender lo que aceptamos.

Pero a veces el rechazo parece que nos da una fuerza especial, ¿verdad?

Sí, es cierto. Y podemos cometer el error de pensar que esa fuerza es la verdadera fuerza de la vida, pues es de tal magnitud aparente que es fácil creer que nos bastará con ella para avanzar hacia una vida plena.

En realidad, aunque se trata de una fuerza impetuosa, apasionada e intensa, puede tomar muchos rostros y se nutre de su propio combustible emocional: victimismo, queja, sollozo, resentimiento, sed de justicia, rencor, venganza, hedonismo, perfeccionismo, vanidad, orgullo, etcétera.

Es una fuerza enorme que «configura el paisaje del sufrimiento humano», como se dice en el cuento. Representa una inmensa galería de personajes y posturas existenciales sobre las que las personas tratamos de sostenernos cuando carecemos del coraje y de la humildad suficiente para asumir nuestras heridas, nuestras bendiciones, para apoyarnos en la realidad, en la realidad tal como es, en nuestros padres tal como son.

Esta fuerza es intensa, ciega e impetuosa porque es falsa. Y es falsa porque no procede de la realidad, sino de la oposición y de la negación de ésta. Es una fuerza que nos hace creer que se nos deben compensar nuestras carencias y que, por nuestro sufrimiento, somos merecedores de ciertos derechos.

Pero hay algo que debemos aprender: ningún sufrimiento concede derechos, ninguna postura existencial edificada sobre heridas concede merecimientos. Como se afirma en el relato, «el único sentido de este sufrimiento, que no es dolor, es hacer sufrir a los demás, ya que únicamente el dolor genuino despierta la compasión».

¿Por qué no es adecuado buscar en otros aquello que no obtuvimos en el seno familiar, es decir, cubrir con otros nuestras carencias afectivas?

Porque sería como intentar abrir una puerta con un martillo en lugar de con una llave. Con el martillo a lo mejor podemos abrirla, pero la romperemos, y no volverá a servir como puerta.

Y también por otra razón, que aprendí de los muchos casos que he visto como terapeuta: porque esos afectos, aún siendo muy sentidos, nunca pueden sustituir de verdad a otros afectos. Un afecto no sustituye a otro, como una persona no puede sustituir a otra en nuestro corazón.

Por ejemplo, una versión clásica y común del enamoramiento consiste en esperar que el otro tenga aquello que uno no tomó de los padres y nos lo dé. Cuando es sólo un poquito quizá pueda funcionar. Sin embargo cuando es mucho resulta demasiado e imposible. Reconozco que es formidable cuando uno recupera la esperanza de que, en algún lugar, podrá alcanzar las tan preciadas monedas, pero esta es una esperanza vana. Porque, de hecho, el otro o la otra sólo pueden dar aquello que tienen y les corresponde por su posición, aun queriéndolo dar todo y amando plenamente. Una pareja es una pareja, o, como se dice en el cuento, «una relación entre adultos, fundada en la igualdad de rango, el intercambio equilibrado y la sexualidad». Es una relación contractual y no incondicional. Hace que las personas se despidan de la infancia.

Igual sucede con los hijos: no podemos esperar de ellos lo que no pueden darnos. Sin embargo, algunos padres sí esperan que sus hijos cubran sus carencias y ejercen un chantaje emocional inconsciente sobre ellos, lo cual hace muy difícil a esos hijos independizarse y liberarse de ese lazo insano. Crean vínculos especiales con sus hijos o hijas, cuando a ellos les basta con un vínculo normal: tienen suficiente con sentirse cuidados, queridos, pertenecientes y libres. Nada más.

Un hijo o hija especial se distingue porque de manera inconsciente su padre o madre están convencidos de que tiene las monedas que necesita. Entonces se relacionan con este hijo de una manera especial, llena de expectativas. De manera no muy consciente buscan en los hijos lo que les falta, anhelan llenar sus vacíos o lo que no tomaron de sus padres o de sus parejas, y esto es un peso notable para los hijos. Algunos de ellos lo asumen por amor a los padres y sacrifican su vida, involucrándose con intensidad. Otros encuentran oportunidades, y la presión de su autonomía y desarrollo les empuja con tesón. Hay que saber que en el fondo los hijos aman ciegamente a sus padres y a su familia y se implican con lo que el sistema y los padres requieren, con lo que quedó inconcluso, a través de sus cargas y sufrimientos. Esto no ayuda a nadie, por supuesto. El amor ciego trae mucha enfermedad. Ojalá se cumpliera el orden de las relaciones humanas en las familias para que las personas sean más dichosas y, en especial, dos normas: que todos forman parte en igual medida y que los posteriores no cargan con asuntos de los anteriores.

Es difícil, claro. ¿Cómo un hijo puede desentenderse cuando ve triste o infeliz a la madre o al padre, o no confía en que estén bien sostenidos en la vida? Lo que ayuda es que el hijo pueda aclarar los enredos y respetar el destino de los padres y saber que no le corresponde tener las monedas que a los padres les faltan ni ser padre o madre de sus padres, ni responsable de la felicidad o la vida de los padres, etcétera. Cuando un hijo se desarrolla y sale del lugar de apoyo de uno de los padres, por ejemplo, se quiebra un equilibrio establecido en el sistema, y este padre tiene una nueva oportunidad de encontrar lo que le falta o de resolver lo que no está resuelto. A veces, por ejemplo, los padres perdieron muy pronto a sus padres o tienen penas no aclaradas. Todo esto tiene que quedar con ellos para que lo puedan integrar, y así se les respeta y se les toma tal como son, incluidas sus dificultades.

Volviendo a la pregunta, la respuesta es que nadie puede dar algo que no tiene ni le corresponde. Por eso, cuando se está buscando en el lugar equivocado, la pareja puede seguir o no, pero no sigue el bienestar; las asociaciones, amistades y relaciones cercanas pueden seguir o no, pero no sigue el crecimiento y la sonrisa compartida. Para muchos es una oportunidad para cambiar, para preguntarse de nuevo. Para otros, no. A veces incluso se actualiza con redoblado impulso el rostro cegado del hijo cuando deja la casa de los padres. Eso le puede llevar a aumentar su empecinamiento, a reactivar las razones, los rencores y los argumentos, por mucho que le hagan más infeliz.

Pero a veces sufrimos de verdad...

Sabemos que cualquier sufrimiento se sostiene sobre buenas razones y viene envuelto con brillantes argumentos. Esto lo hace más vendible, más justificable. Sin embargo, el único sentido del sufrimiento, que no es dolor, es hacer sufrir a los demás.

La solución a este sufrimiento es muy simple. Si sabemos que buscamos en el lugar inadecuado y que esto nos mantiene insatisfechos, quizás podamos rectificar y, al fin, buscar en el lugar adecuado, que siempre es con los padres y con la integración de nuestra historia personal, es decir, aprendiendo a apreciarla por dolorosa que fuera.

En la práctica, las dinámicas familiares y afectivas son muy complejas y sutiles y, a menudo, una crisis, separación, problema con los hijos o cualquier otro revés suele ser una oportunidad para sacar a flote y revisar lo que se necesita recolocar con los padres o con la familia de origen y afrontar los asuntos pendientes con ellos.

Cuando nos falla el camino con el que pretendíamos llenarnos, cuando nos devasta una crisis, cuando se agota un tramo de nuestro camino, quizá se abre una oportunidad, sobre todo si somos capaces de permanecer en nuestra fragilidad y abrir el corazón.

Como todas las demás personas, los padres son más reales que perfectos, y es suficiente con que así sea... Quien exige perfección se queda solo, ni siquiera se tiene a sí mismo porque también se percibe imperfecto. Las ideas de perfección pertenecen al reino de nuestras imágenes mentales, pero no a la realidad, la cual seguramente anda poco preocupada por sí misma y por su mejoramiento. Y es que quizá la realidad sea perfecta en sí misma, tal como es «en este momento», incluyendo nuestros deseos de cambiarla, tan reales también.

Lo que ayuda no es muy popular, pero ayuda, y consiste en estar de acuerdo con mente, cuerpo y alma, incluso con el dolor que uno siente; es estar de acuerdo en el corazón con que las cosas son como son; y abrirse emocionalmente a ello.

La mayoría de las personas aman profundamente a sus padres y cuando dejan de cerrarse con sus argumentos defensivos, reabren su corazón y atraviesan el dolor les vuelve el amor y la ternura para con ellos. También descubren que los padres fueron niños un día, y también su corazón fue frágil y aprendió a defenderse, que ellos vivieron asimismo sus carencias y pesares.

Bastaría con que aceptáramos el dolor de la misma forma que otras experiencias de la vida, para estar más cerca de la serenidad y del amor, que es lo que hace que las personas nos sintamos plenas. Probablemente el malestar interior no se basa en no ser queridos, sino más bien en que somos nosotros los que ya no queremos.

Al fin, lo que ayuda es que cada uno esté en el lugar que le corresponde en la cadena de la vida, y que cada uno tome de sus anteriores la fuerza y la antorcha vital, en lugar de pretender encontrarla en los posteriores o en los espejismos más habituales de la vida: la riqueza, el poder o el afán de notoriedad.

¿Cómo podemos aceptar en la práctica diaria a nuestros padres y sus monedas?

A través de la humildad y amparados en un deseo verdaderamente real de ser libres y felices. En realidad, a la plena libertad la tememos más de lo que la deseamos, porque nos deja desnudos frente a nuestras hondas verdades y a la responsabilidad de nuestra vida. Se acabaron las excusas y las acusaciones. Lo mismo ocurre con la felicidad: es más cómodo buscarla que vivirla ahora. Muchas personas prefieren sufrir y reclamar que actuar y tomar la vida en sus manos, gozando de su parcela de bienestar y desarrollándose hacia su centro interior dichoso.

Por lo demás, la pretensión de no aceptar a los padres es esto, pretensión. Porque ¿quiénes somos nosotros para no aceptar algo que la vida ha determinado? La vida impone su realidad y nosotros, a lo sumo, podemos desgañitarnos en balde gritando que debería haber sido diferente, pero así sólo perdemos nuestra energía. Hay una máxima de ciertas tradiciones de sabiduría que vendría a decir: «Asentimiento es liberación». O al revés: «Oposición es sufrimiento».

Tomar a nuestros padres y honrarlos tal como son tiene consecuencias: la principal es que nos comprometemos con la vida que tenemos. En el fondo, honrar a los padres significa hacer algo bueno con la vida que nos han dado y traspasar nuestros dones y talentos. Algunas personas prefieren no tomar a sus padres para ahorrarse el trabajo de tomar en serio su vida y prefieren sufrir y, con ello, hacer sufrir a los demás. He repetido, a menudo, que el sentido de la mayor parte del sufrimiento es hacer sufrir a los demás, porque lo que vemos habitualmente es que el sufrimiento exige algo de los demás, es manipulativo. Me refiero al sufrimiento como posición en la vida: víctima, quejoso, perseguidor, culpabilizador, etcétera, no al sufrimiento real que experimentamos con los reveses dolorosos o las pérdidas. Muchas veces, aceptar a los padres se logra a través de la rendición que nos llega al comprender que también ellos tuvieron problemas y, sobre todo, que lo que vivimos fue exactamente lo que necesitábamos para edificar la vida que tenemos. De este modo nos ponemos en paz con nosotros y con nuestra historia.

Para aceptarles, muchas personas deben superar el desamor recibido durante años o toda la vida e incluso el daño físico y psicológico. ¿Cómo podemos ver ese dolor infligido como una aportación en nuestro camino de crecimiento personal? Hay una frase que yo aprecio mucho que dice: "La desdicha abre al alma a una luz que la prosperidad le niega". Por supuesto que no buscaremos voluntariamente ninguna desdicha, pero debemos saber que podemos tomar las dificultades como oportunidades. ¡Cuántas personas no sintieron que una enfermedad les despertaba y les ponía en sintonía con horizontes de sabiduría desconocidos! El sufrimiento asumido convierte a las personas en más reales. Es cierto que algunas personas se criaron con padres peligrosos, terribles, y es natural que deban apartarse de ellos para sobrevivir y poder desarrollarse, pero en su vivencia interna pueden llegar a aceptar su destino doloroso, y esto es un viaje, a veces heroico. En cambio, ¿qué valor tienen las personas que se quejan todo el tiempo de sus padres...? Las personas prudentes se apartan de ellos, porque saben que serán los próximos en fallarles. Las personas necesitamos confirmar nuestras hipótesis vitales y quienes se ponen el disfraz de víctimas, por ejemplo, necesitan confirmarlo generando relaciones en las que les fallen para poder seguir quejándose. En fin, es el gran teatro de las pasiones humanas.

Lo que nos hermana esencialmente con todos los demás es el amor, pero también el dolor. Víctor Hugo recomendaba que estuviéramos tristes por lo menos un día al año, para sentir el aroma de nuestra humanidad.

Lo que hay que decir también es que la mayoría de los padres quieren a sus hijos, aunque en ocasiones no puedan, debido a su propio dolor, expresarlo y vivirlo de manera que el hijo se sienta bien. Ojalá estos hijos puedan desarrollarse bien y de esa manera regalar algo bueno a la propia historia familiar.

En la práctica budista de «tocar la tierra», descrita por el monje vietnamita Thich Nhat Hanh, hay una primera postración en agradecimiento a los antepasados que expresa lo siguiente: «Veo que el origen de mis raíces procede de mi padre, mi madre, mis abuelos, mis abuelas y de todos mis antepasados. Sé que sólo soy la continuación de este linaje ancestral. Por favor, apoyadme, protegedme y transmitidme vuestra energía. Sé que dondequiera que los hijos y nietos estén, los antepasados también están allí. Sé que los padres aman siempre y apoyan a sus hijos y a sus nietos, aunque no siempre sean capaces de expresarlo eficazmente por culpa de las dificultades que han tenido. Veo que mis antepasados han intentado construir un modo de vivir basado en la gratitud, la alegría, la confianza, el respeto y el amor compasivo. Como continuación de mis antepasados, me postro profundamente y permito que sus energías fluyan a través de mí».

El protagonista del cuento acude en cierto momento al terapeuta. ¿Es una buena ayuda?

Cualquier ayuda real y positiva es buena. Ahora bien, los terapeutas que creen tener las monedas crean vínculos estrechos y prolongados con sus pacientes, mientras que los que saben que no las tienen sienten que sólo están de paso, un tiempo nada más, y ayudan con respeto y rotundidad. Son humildes.

Ambos tratan de hacer lo mejor y ayudan a su manera, pero los que piensan que tienen las monedas se relacionan con sus pacientes en contra de sus padres y tratan entre los dos de ser mejores que los padres. Al excluir a los padres de su corazón y al señalarlos con el dedo acusador alimentan la falsa fuerza del paciente y lo hieren. Porque sabemos que el paciente (y el niño que sigue viviendo en su interior) continúa amando profundamente a sus padres y les guarda lealtad, aunque en otro nivel no alcance a tomar sus monedas por el escozor de las heridas u otras causas.

En las profundidades del alma, aunque el hijo rechace a sus padres, también se identifica con ellos. Y, cuando no puede tomarlos y quererlos, tampoco logra quererse a sí mismo.

En lo profundo es difícil un genuino amor hacia nosotros mismos, si al mismo tiempo no hemos hecho el proceso de quererlos y respetarlos a ellos. En lo más profundo hay una extraña y oculta lealtad hacia los padres, de manera que el hijo los interioriza, aunque no quiera. Se puede hacer más libre de ellos a través de su aceptación («ama y sé libre»). Y podemos amarnos a nosotros mismos tal como somos, imperfectos, y no tal como deberíamos ser en nuestras imágenes ideales. Las imágenes ideales actúan como faros para guiar el camino que deseamos caminar, para llegar a ser el que queremos ser. Es decir, fabricamos imágenes buenas de cómo nos gustaría vivir para atraer la posibilidad de que ocurra. Por otro lado, asumimos nuestras limitaciones y posibilidades en cada momento.

Los terapeutas que saben que no tienen las monedas piensan que nada se logra cuando hay *malos*, cuando hay personas señaladas con el dedo acusador como malos, por ejemplo, los padres. Como se explica en el relato, «su enfoque es el amor a todo y a todos».

Lo que ayuda profundamente a dejar patrones nefastos atrás consiste en lograr apreciar y dignificar a los que fueron «malos» o se comportaron «mal» o tuvieron destinos desgraciados, etcétera. Aunque la tendencia de la mente lógica y racional sea seguir rechazándolos, el corazón y la salud funcionan de otra manera. Los sistemas familiares actúan como un todo, como una mente grupal, y tienden a atraer o repetir lo que ocurrió antes, especialmente cuando no fue resuelto a través del amor y la aceptación. Por ejemplo, algunos hijos piensan que tienen que querer a uno de sus padres, al que catalogan de bueno, y que deben despreciar al otro, al que tildan de malo. Es decir, escinden su corazón entre el bien y el mal y se ponen de juzgadores. La paradoja es que es muy habitual que luego busquen personas parecidas al progenitor rechazado o ellos mismos se le parezcan. La paz y la dicha en las familias viene cuando todos pueden tener un buen lugar y cuando cada uno puede tener el lugar que le corresponde, o sea, que los padres sean padres, los hijos, hijos, la pareja, pareja. La única medicina es la inclusión y la apertura del corazón, de manera que el pasado ya pueda quedar como pasado.

Tomar las monedas no es un acto ideológico, algo que uno pueda decidir que ocurra. Es el resultado de un profundo proceso emocional, de un proceso corporal y de una actitud. Este proceso exige mucho del cuerpo y de los sentimientos. Obliga a visitar y bucear en este cuerpo histórico donde se alojan los buenos sentimientos y también aquellos que llegan a ser amenazantes para nosotros, hasta lograr hacerles espacio, permitir que circulen, que se libere el dolor, que se reaprendan recursos, y que el cuerpo recupere su confianza, su gracia y su vitalidad natural. A este cuerpo que vivió tanto, que soportó traumas, heridas y miedos podemos agradecerle su fortaleza y acariciarlo lo suficiente para que palpite de nuevo con la fuerza de la vida y pueda volver a exponerse a tener una relación feliz con los demás.

A veces, durante este proceso, las personas que sufrieron graves abusos y traumas pueden imaginar que toman en brazos al niño que fueron y le recuerdan su inocencia; decirle, por ejemplo: «Sé que sufriste mucho con tus padres en ciertos momentos, y con estas raíces tú vas a crecer y con estas cicatrices tú vas a ser grande también. De manera que ahora te tomo en brazos y seguimos nuestro camino. Al final todo ha salido bien. Respecto a lo que fue doloroso con los padres, ellos, como mayores, pueden llevar su culpa y su responsabilidad y tú, como niño, puedes seguir queriéndolos tal y como son, y conservar tu inocencia».

Pueden aprender a no abusar de sus abusos e integrarlos en beneficio de su vida y de la de los demás: una gran realización. Pueden incluso hacerse más sensibles a la ayuda que otras personas pueden necesitar. Pueden renunciar a los beneficios secundarios de mantener una postura de víctima que se siente con el derecho a tener que ser compensada.

Por tanto, el proceso también exige dar el brazo a torcer, renunciar a las posturas manipuladoras y a la falsa fuerza que hemos adoptado cuando construimos una actitud en la vida enraizada en la oposición, en el resentimiento, en el victimismo, etcétera. El hijo también puede aprender a renunciar a su posición de fiscal y juez de sus padres, a sintonizarse con los propósitos misteriosos del vivir, a asentir ante su propio destino, ya que, como dice Cleantes, «los destinos guían a quien los acepta, pero arrastran a quien se les resiste».

En fin, no se trata de convertir el «honrar a nuestros padres» en un movimiento artificial y meramente positivista de vestir los hechos del color que nos convenga. No. Es algo más, algo que requiere un coraje mayor y una actitud emocional transparente, veraz y comprometida. Se trata de amar reconociendo las heridas y permitiendo que nuestros padres lleven la responsabilidad de lo que fue difícil o equivocado, y seguir amándolos con sus errores y su realidad, tal como es y tal como fue. Se trata de aceptarlos con realismo, con respeto y con amor.

¿Qué lecciones podemos extraer, los que somos padres, del cuento de las monedas?

¡Hay tanta grandeza en el hecho de ser padres! Y tantos padres detrás de cada padre, unas raíces tan antiguas en cada historia familiar... Y todos supieron cómo hacerlo para que la vida prosperara, por eso estamos aquí. Ellos son los maestros verdaderos. Todos los padres tienen la capacidad para encontrar su propio camino en la manera de sentir, educar y querer a sus hijos. Los padres tienen los recursos suficientes y necesarios para criar y educar a sus hijos.

A veces se habla de las Escuelas de Padres, y a mí la idea me produce cierta confusión. La imagen de escolarizar a los padres me resulta extraña. ¿No es cierto que cuando pretendemos escolarizar a los padres los convertimos en más pequeños y los invalidamos, en lugar de hacerlos confiados y grandes? Cada padre encuentra su grandeza cuando es respetado como tal y también cuando siente el derecho a no ser perfecto y a cometer errores...

Me parece que pretendemos regular demasiado, exigimos demasiados manuales de instrucciones, demasiados cursillos. Ser padre y madre es, en primer lugar, algo biológico, es el vehículo de la sexualidad y el instinto... y quizá del amor, en muchos casos. Esto no quiere decir que los padres no traten de aprender lo adecuado a cada momento para el buen desarrollo de sus hijos, o que no busquen soluciones para los problemas o dificultades que no logran superar.

Lo que sí enseñaría en esas Escuelas de Padres, y enseño, es sobre dinámicas familiares, sobre las leyes del bienestar en las familias, sobre resolución de problemas reales, sobre los órdenes del amor que hacen que las personas fertilicen sus vidas en bienestar y dicha. Lo hago cuando los padres o los hijos o las parejas o los enfermos o los que atraviesan dificultades lo solicitan, y asumiendo que ellos seguirán siendo los maestros de su vida y yo trabajaré a su servicio como uno que aprende todo el tiempo, poniendo mi conocimiento y experiencia a su disposición. De hecho, es

lo que hago en mi profesión, especialmente dando semi-
narios en los que las personas resuelven sus problemas y,
al mismo tiempo, aprenden.

**¿Cuál es para usted el sentido último de ese
aprendizaje?**

Al final, se trata de lograr una vida plena. El secreto, creo
yo, es tomar con alegría lo que la vida nos trae y soltarlo
con la misma alegría cuando nos lo quita. Por un lado, tratar de conseguir nuestros sueños y, por el otro, aceptar lo
que la vida sueña y actúa para nosotros. Por lo demás,
entregarse lo más posible a cada instante que la vida nos
regala, ya que mientras perseguimos la felicidad, ella, la
pobre, corre sudorosa para alcanzarnos. La dicha es nuestro estado natural cuando no estamos distraídos buscán-
dola. Ya dijo John Lennon que «la vida es aquello que ocurre mientras estamos ocupados pensando en qué hacer
con ella».

El sentido de la vida es vivirla, dar lo que tenemos para
dar, recibir lo que tenemos para recibir y hacer lo que
tenemos que hacer. Es estar en lo que es. Las grandes res-
puestas sobre el sentido que vienen del pensamiento y del
análisis más racional nos apartan del olor de la rosa ahora.

Por otro lado, no importa tanto qué sentido tiene la vida
para mí, sino qué sentido tengo yo para la vida. Es decir,
cuál es nuestra aportación a la belleza y el canto de la vida.

Vivamos sostenidos en nuestros propios pies, en nuestros propios padres y en nuestras raíces familiares, y convirtamos las monedas que recibimos de nuestros anteriores, muchas o pocas, alegres o tristes, en riqueza para nuestras vidas y para las vidas de quienes nos rodean.

Vivamos confiados en la gran inteligencia que gobierna las cosas, en la fuerza del espíritu que todo lo alcanza y que a todos nos iguala como hermanos, y no olvidemos que más allá de los pesares y temores de las pasiones humanas brilla el latido de la vida, siempre alegre y bullicioso, porque sí.

Tomar las monedas es una meta que tratamos de alcanzar para lograr la paz y la reconciliación, con nuestros padres, con la vida, con los demás y con nosotros mismos.

Finalmente, cuando miramos el fluir de la vida con ecuanimidad, los requerimientos del Alma para lograr esta meta preciada son simples:

- Amar lo que es, la realidad tal como se manifiesta, aun cuando presente su cara terrible y furiosa. Así lo enseñan todas las tradiciones de sabiduría.

- Amar lo que somos, dejando de pretender ser diferentes, mejores o peores, respetando nuestros distintos rostros y los personajes que surgen según cambian los contextos, respetando nuestro cuerpo único y perfecto, respetando nuestros sentimientos, tan necesarios y valiosos, sentimientos creados para ser sentidos y vividos, para dejarlos emerger y desaparecer, para dejarlos fluir, tal y como enseña la terapia Gestalt.

• Amar a todos los que son, es decir, a todos los compañeros humanos, pero en especial a los que nos conciernen de cerca: aquellos que forman parte de nuestra Alma Familiar y que constituyen nuestro universo de lazos interpersonales y afectivos, como se hace obvio en el trabajo de Constelaciones Familiares.

Sobre los requerimientos del Alma, de vivir en el Alma, hablaré en un próximo trabajo.

Otro título de Joan Garriga

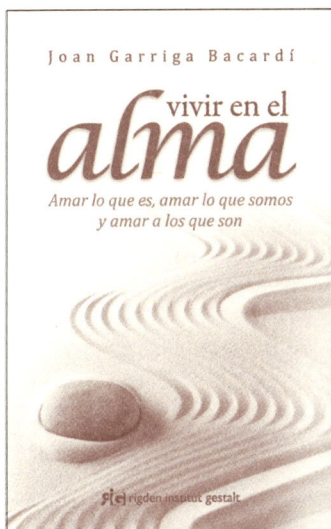

VIVIR EN EL ALMA
AMAR LO QUE ES, AMAR LO QUE SOMOS Y AMAR A LOS QUE SON

Joan Garriga, experimentado y reconocido terapeuta en el campo de la Gestalt y las Constelaciones Familiares, nos muestra cómo poner orden en nuestros afectos y en nuestra vida interior. También a rendirnos ante el misterio de la vida para alcanzar con ello paz y felicidad perdurables.

Su propuesta es sencilla y directa, como lo son las enseñanzas sabias de todas las tradiciones espirituales: amar lo que es, amar lo que somos y amar a todos los que son.

Al recorrer estas líneas, aprenderemos a reconocer y habitar en forma inteligente el Alma Gregaria que nos vincula con nuestros grupos de pertenencia familiar y social. Luego, iremos poco a poco desplazando el foco hacia la Gran Alma para presenciar allí como emerge nuestro ser más auténtico.

Desde la perspectiva del alma la vida cotidiana se vuelve puro disfrute y aceptación, dando por finalizada la lucha por imponer en cada momento los pequeños deseos de nuestra limitada personalidad.

institut gestalt

institut gestalt
Verdi, 94 - bajos
08012 Barcelona
Telf. 34 93 2372815
Fax. 34 93 2178780
ig@institutgestalt.com
www.institutgestalt.com

ÁREA DE FORMACIÓN Y RECICLAJE PROFESIONAL

> Formación en Terapia Gestalt.
> Formación completa en PNL: Practitioner, Máster Practitioner, Trainer, PNL para el mundo educativo, etc.
> Formación en Hipnosis Ericksoniana.
> Formación en Constelaciones Familiares y en sus distintas especialidades: Pedagogía, Salud, Trabajo social, Organizaciones y profesión, Parejas, Ámbito jurídico y Consulta individual.
> Formación en Pedagogía Sistémica.
> Formación en Terapia Corporal.
> Formación en Intervención Estratégica.
> Formación en Coaching: Wingwave, Deportivo, Estratégico, Sistémico y Coaching con PNL.
> Talleres monográficos.
> Supervisión individual y en grupo.
> Desarrollo organizacional.
> Excelencia Directiva.

ÁREA TERAPÉUTICA Y DE CRECIMIENTO PERSONAL

> Terapias individuales, grupales, de pareja y de familia.
> Procesos de Coaching para personas y/o equipos.
> Tratamiento de trastornos del miedo, pánico, fobias, ansiedad, adicciones y obsesiones.
> Grupos de Crecimiento Personal y Trabajo Corporal.
> Constelaciones familiares, organizacionales y pedagógicas.
> Área de Terapias Creativas y Expresivas.
> Conferencias, coloquios, presentaciones de libros, etc.

PSICOTERAPIA, COMUNICACIÓN Y RELACIONES HUMANAS